FRANZISKA BECKER

# Mein feministischer Alltag

# LINIEN

Passen Sie auf, Schröder!! Beinah' hätte Sie der dicke Wellenbrecher umgerannt!!
... Gott, Sie Ärmste!! Also ich kann reinhauen, soviel ich will, ich nehme einfach nicht zu!..
Ach, laß doch die Leute quasseln! Du weißt doch, MIR gefällst du so mollig, und das ist doch die Hauptsache!!
Nee, ich hab's jetzt endgültig satt!! Ich mach wieder Diät!!
Aber Moppi, nun iß doch was! Du brauchst doch eine gute Grundlage für den Tag! Laß doch den Unsinn!
Wenn du mich noch einmal Moppi nennst, zertrümmer ich das Service von deiner Mutter!!!
HUNGER!!
Abführ Tee nach Dr. Popp
... Die Waage spinnt doch, Mensch!! Die ist doch kaputt!! In fünf Wochen knapp ein Kilo abgenommen!! Das gibt's doch garnicht!!!...
Diät Plan
Und das ausgerechnet mir!!! Wo ich Hitze HASSE!!!
Wem sagen Sie das!..

# KÄMPFE

Jch hatteso Heißhunger, und es war überhaupt nichts Gescheites im Haus ...
Mensch, mach dich doch nicht verrückt! Kauf dir lieber erstmal was Flottes anzuzieh'n, anstatt in so spießigen Klamotten rumzu= laufen!! Du Kannst doch was aus dir machen!!...
AUFREGEND BRAUN!
dank FLIZ BRUIN
Eigentlich hat Gerda nicht unrecht.. Ein pfiffiges Kleid, und ich Könnte ganz apart ausseh'n ..
Jch glaub, ich geh' doch in ein Kauf haus, da isses anonymer..
Jn JHRER Grösse??!!
Hallo, Sie!! Die starken Größen sind dort drü-ben!! Kommen Sie bitte mal mit?!!
Modische Damen-Kleider ab 79.-
... Also, das ist ein ganz entzückendes Modell! Sehr jugendlich, und die Längsstreifen schmeicheln der Figur! Natürlich sollten Sie einen Hüft= halter tragen!!
Bekleidungshaus Strapser
Entschuldige meine Offenheit, aber ich wollt's dir schon lange mal sagen: Du solltestwirklich etwas für dich tun! Du Könntest um Jahre jünger ausseh'n!!
franziska BECKER

Bist echt 'n dufter Kumpel! Aber meine Sozialisation ist halt so, daß ich nur mit Frauen kann, die irgendwie auch zu mir aufschauen...

# Das 1. Mal im Zentrum!

# FRAUEN –

Also, hier steht doch Montags offener Abend!! Jetzt warte ich schon 'ne Dreiviertel Stunde.
FRAUEN KOMMT! Gemeinsam sind wir stark
Frauenhaus
Ich bin heut schon das zweite Mal umsonst hier!
Die Scheißraucherinnen könnten ihre Stinkstummel auch mal selber wegschmeißen!!
Ich möcht bloß mal wissen, warum hier immer die selben zwei Deppen Ordnung machen!!
WALPURGISNACHT
Hallo Gerda!!
Die Stiefel sind von'nem unheimlich duften linken Schuster auf Kreta! Der ist ganz bekannt!
Wer is'n die da?
Vielleicht von der Gruppe "Alternatives Altern"?...
Ohhh Graus!! Die Kassefrau!!
Also Frauen, wenn ihr nicht bezahlt oder Daueraufträge macht, können wir bald dicht machen!
Ich weiß noch garnicht, ob ich hier fest mitmachen will!
Ich bin Hausfrau. Ich hab garkein Geld zur Verfügung!!
Bei den Bafög-sätze... Ich bin total blan
Mensch Frauen!! Müßt ihr unbedingt jetzt Haare schneiden!!
Jetzt sitzen wir schon eine Stunde und haben immernoch nicht angefangen!!
Chaotinnen!!
Maria Hilf!!
öfter mal was Neues!!
tralali tralala..
Also, ich wollt als erstes mal fragen, warum ohne Männer..
LOHN FÜR HAUSARBEIT
Also ich find' diesen Rückzug in die Innerlichkeit, diese ewige Selbsterfahrung und Sozialarbeit gefährlich. Wir müssen politische Strategien entwickeln und nicht das Patriarchat als alleiniges Interpretationsmuster für gesellschaftliches Sein nehmen..
Also dieser Politikbegriff ist doch unheimlich beschissen. Für mich ist politisch, was von der eigenen Betroffenheit ausgeht. Außerdem gibt es immer mehr konkrete Projekte..
Geh doch gleich zum KB
Ich hab' keine Zeit!
Frauen, bevor ihr geht... ich brauch unbedingt verbindliche Zusagen, daß ihr eure Artikel fürs Info schreibt, das schon seit 'nem halben Jahr rauskommen soll!!
Furchtbar, diese autoritäre Antreiberei!!
Ogottogott! Das ist so unspontan!! Also das törnt mich total ab!!

—ZENTRUM
Wir waren grade zufällig in der Nähe und hatten ein wichtiges Telefongespräch...
Also, ich muß jetzt Schluß machen... Tschühüs!
Da braucht frau sich ja nicht zu wundern, wenn die Telefonrechnungen so irre hoch sind!!
Ach hallo ihr Beiden. Ich bin nur kurz vorbeigekommen, um zu sagen, daß ich heute leider doch nicht kann...
Wer hat denn wieder vergessen, die Türe zuzumachen?!!
Post!
Huch! Da is'n Typ!!
Hast du auch Stille=probleme?
Nee, eigentlich wollte ich zum Lesbentreff!
Da biste hier aber falsch. Wir sind die Gruppe „Offensives Stillen!"
Mensch, müßt ihr eure Lötversuche unbedingt jetzt machen! Die Sicherung ist schon zum dritten Mal rausgeknallt.
Unsere Werkstattgruppe war aber schon vor eurer Selbsthilfegruppe da!
Werkstatt-gruppe
Selbst-hilfe
Was könnten wir bloß mal in der Theoriegruppe lesen???
Und wenn wir einfach einen bechern gehen?!...
Das haben wir doch schon letztes Mal gemacht..
Also ich find diese männlich=agressive Rockmusik unheimlich beschissen für'n Frauenfest..
Auf die Frauenplatten kannste doch nicht tanzen, Mensch. Und Janis und Patti haben wir schon zehnmal gehabt heute!..
Sind ja tolle Fotos. Wo hasteden denn her?
Von dieser Fotoausstellung von der Frau.. in der Galerie 76
Was, da warst du?!!! Die hat'n Buch in'nem bürgerlichen Verlag rausgebracht..
Wir haben schon'nen Boykottaufruf fürs Plenum vorbereitet.
FRAUEN LIEBE FRAUEN SOLIDARITÄT

# Frauenwohngemeinschaft

1977 Franziska Becker

ZURÜCK ZU
Stell dir vor, gestern hab' ich die Karin getroffen! Also, da schnallst du ab! Die hat ihren Job aufgesteckt und mit'n paar Typen 'n Haus auf'm Land gekauft! Jetzt machen die da in Biodynamik und leben total alternativ.
.. ohne Fernsehen, ohne Zeitung, weg von dem ganzen Konsumscheiß! Bißchen Viehzucht, bißchen Gemüseanbau. Davon können die schon fast leben. Toll, was! Wir könnten Karin doch mal besuchen ....
Huhu!!
Hast du unsre Postkarte bekommen?
Ach, hallo, ihr beiden. Ich back' grade Dreikornbrot für den Wochenmarkt. Ihr könnt gleich im Garten beim Erdbeerernten helfen!
SCHROT
Leinsamen
SALZ
He, du, Rauchen gibt's hier aber nicht!
Ach so .. 'tschuldigung
Auuuu, mein Kreuz Ich hätte diesen Sommer doch mehr schwimmen sollen ...
Das ist für Sonntag. Ich mach's schnell hin. Du kannst es dann rupfen. Ich zeig' dir, wie's geht!
Ganz frische Ziegenmilch!! Ist irre gesund!
Hab' dir Schokolade mitgebracht
Bleib mir mit dem Gift vom Leib!!! Da brauchst du ja Wochen, bis der Körp wieder entschlack ist!!
Grünkern
HIRSE
Spinat
Wir spinnen nur REINE Wolle, wo das natürliche Schaffett noch drin ist ..
Trink doch!! Das ist Salbeitee! Selbst gepflückt!
Irgendwie stinkt's hier komisch..
Tütelüü
Honig
Piiiiii, ist das Wasser kalt!!!
Ja, aber dafür echt reines Quellwasser, au ner eigenen Leitung! Nic das chemisch verseuchte aus dem Dorf!

# MUTTER NATUR

SYMPATHI=
Bei denen ist was faul!! Da sieht man nie einen Mann. Das nennt sich „Frauenwohngemeinschaft“ oder so ähnlich ...
Wollen doch mal schauen, was so Sympathisanten für Abfall haben ...
Da kommen wieder Leute mit Schlafsäcken raus!!
Das Ansehen Chiles ist durch eine internationale Kampagne von Lüge und Verleumdung schlimm entstellt!
Aha! Kratzspuren am linken Kotflügel. Und Kernkraftgegner isser auch noch!!
Mein Mann war nämlich Blockwart Der kennt sich aus!!
H
15 21 28
TELEPHON
Aber Oma!! Das ist wirklich kein Maschinengewehr!! Das ist doch ein Geigen-Kasten!!
... spricht dort die Polizei!?
Würden Sie Ihre Bemerkung bitte noch einmal wiederholen damit ich mitschreiben kann!

SANTEN
RUHE!
ROMANE
... Böll .. Kipphardt .. Bedaure, solche Titel sind jetzt nicht mehr in der Ausleihe!!
Aber meine Damen und Herren!! Das ist ja noch kein Text von mir! Dieses Zitat stammt von Georg Büchner!
Nestbeschmutzer!
solche Machwerke gehören verbrannt!!
intellektueller Bettnässer!!
Muß das unbedingt an jeder Klotür hängen?
Was?!! Sie sind also auch eine von denen!! ... als Angestellte im öffentlichen Dienst!! So so...
Seife
STECKBRIEF
DANKE
... wurde wegen der aktuellen politischen Situation unsere Sendung „Notizen aus der Provinz" kurzfristig abgesetzt. Wir bitten um Ihr Verständnis und wünschen Ihnen viel Spaß bei dem nun folgegenden Unterhaltungsprogramm!
Jetzt reichts aber! Lassen Sie uns bloß in Ruhe!!
Ach so!! Ihr seid wohl vom andren Ufer!
... bestimmt Terroristinnen!!
Tja, solange das mit der zentralen Datenspeicherung noch nicht klappt, müssen wir eben auf altbewährte Methoden zurückgreifen... Es dient ja unser aller Sicherheit!
Rauchen verboten
Franziska Becker 1977

...hier läuft doch echt nix mehr! Ich fahr diesen Sommer nach Poona!!
...Ich hab' jetzt rausge= kriegt, daß ich 'nen total verdrängten Kinderwunsch hab! Ich glaub, ich mach' jetzt doch eins! Ich meß' schon Tempera= tur...
Mann, ich bin noch unheim= lich heiser vom letzten Schrei-Mara= thon!..
Meditation
Massage Oel

# Stillettos

Mensch, guck mal! Die sieht ja echt heiß aus!! Die trägt noch Rollsöckchen in den Stilettos! Also, kannst sagen was du willst, das sieht schon flott aus!!
Naja...
Ob ich mal in ein teureres Geschäft geh?... Ich brauch dringend was Schickes für Besser! Ich kann doch nicht in nem schönen Kleid mit den Tretern hier rumlatschen!...
Sag mal! Ich glaub ich spinne!! Die bleiben ja alle schon am Ballen stecken! Ich krieg die ja gar nicht erst drüber!!
Also, da muß man ja maso sein, um in solchen Ofenrohren rumzustocken!!
Suchen Sie Röcklis, Röhrlis oder Kaskadeurs?
Man kommt sich ja vor, als hätt man die Elefantiasis!!
Ihre Füße haben sich eben durch viel zu weites Schuhwerk ausgetreten! Sie müssen sich erst wieder an die natürliche schmale Form gewöhnen!...
Wenn Sie Ihre Röcklis erst ein Weilchen getragen haben, gibt das Leder ja auch noch etwas nach...
Am besten, Sie behalten die Schuhe zum Einlaufen gleich an! Und darf ich Ihnen hier noch den praktischen Schuhspray zur Pflege des empfindlichen Velourleders mitgeben!!!
Du HAST doch noch Spray zu Hause, oder!!!
Huhu, Verena! Hallo, Moni!
Kannste noch?
Schuhhaus
Wenn bloß die Absätze ein bißchen niedriger wären!!...
Ich glaub, mich tritt ein Pferd!! Was hast du denn JETZT gemacht!?!!
Ooh SCHEISSE!! Jetzt kann man ja garnicht mehr drin laufen!!
Hahahihuhuuu!!! Jetzt sägen wir den andern auch noch ab, und dann kannste sie als Objekt auf die nächste Documenta geben!!!
Och ich kleb den Absatz einfach wieder drrann...

MACHEN SIE DAS BESTE AUS IHRE
Der kleine Alexander Knöbel schrieb an unsere Schönheitsredaktion: Meine arme Mutti muß so viel arbeiten. Sie hat gar keine Zeit, sich ein bißchen schön zu machen. Können Sie meiner Mutti helfen? Tatsächlich könnte Frau Knöbel durch ein wenig Make-up, eine schicke Frisur und geschicktere Kleidung ihre kleinen Mängel leicht vertuschen und ihre Vorzüge vorteilhaft betonen!
Das Haar wurde zwei Stufen heller gefärbt, die leichte Dauerwelle und das Make-up von „Natural-Look" lassen ihr etwas zu breites Gesicht schmaler erscheinen und bringen Frau Knöbels natürlichen Charme vorteilhaft zur Geltung.
Die zu dicken Augenbrauen wurden gezupft, Blaugetönte Kontaktlinsen geben ihren Augen einen schönen, natürlichen Glanz.

TYP
Das schicke Kleid mit Längsstreifen verdeckt die etwas zu dünnen Beine, und die rustikalen Pumps geben Frau Knöbel ein sportliches Aussehen.
Mit einem modischen Wintermantel und den dazugehörigen Accessoires ist Frau Knöbel für nur 500.-DM schick und praktisch neu eingekleidet.
Eine gelungene Veränderung! Aus Frau Knöbel ist eine attraktive, selbstbewußte Frau mit persönlichem Stil geworden, die mit sich zufrieden sein kann.

RETRO
HERBST 1979
Die neue Linie bringt endlich die natür= liche weibliche Körperform wieder zur Geltung! Kostüme und Hosen= anzüge, in der Taille eng gegürtet, schmeicheln Ihrer Figur!
Vorbei ist der Schlabberlook! Jetzt kann jede Frau, gleich welcher Statur und welchen Alters, wieder aufregend feminin sein!
Kleine aber w tige Details: N Strümpfe lasser sehr erotisch au sehn!! Die vieler Männerblicke wer es Ihnen beweisen!!
FRÜHJAHR 1980
Der Retro-Trend ist nicht mehr aufzuhalten! Eine völlig neue Kleider= und Frisurenlinie setzt sich durch, die viel Bewegungs= spielraum für Körper und Beine läßt. Werfen Sie ihre Miederhöschen und BH's getrost in den Müll= eimer!
Schickes Berufs= Kleid aus Wollgeorgette! Krawatten sind groß im Kommen!
Für den nachmittäglichen Besuch im Frauencafe' ist all erlaubt: Von der schlichten Ro Bluse-Kombination, über die frech-extravagante Hose b zum eleganten Seidenkleid Blumenmuster! Ein modisches Muß: Kesse Hüte in allen Variationen!!
HERBST 1980
Der FEMI-LOOK ist da!!
Modezarinnen wie Luisa Spagetti, Coco Schrapnel, Jeanne Partout und Karla Lagerzelt stellten jetzt unter dem begeisterten Applaus der Zuschauerin= nen die neue Linie vor!
Hübsch und in vielen Farben zu haben: „Emmeline= Bluse" mit Jäck- chen. Kleidet einfach jede Frau!
Besonders schön fü jüngere Frauen si die "Christabel=Klei aus weichen fließe Stoffen!

MODE
Gerade auch für die berufs=
tätige Frau, die im Licht der
ffentlichkeit steht, ist die
eue Mode sehr schick! Sie
verden darin immer
eine gute
Figur
machen!
Hier ein raffinier=
tes Modell, das
sich besonders für
Tiepflegerinnen
gut eignet.
Die Abendkleider bestechen durch
geschmackvolle Farben und kost=
bare Stoffe wie Rayon und Fies Kose.
Und immer passend: die neuen,
entzückend weiblichen Frisuren,
der „Kleine Kopf" gehört zur
neuen Linie!!
chlicht im Stil, elegant in
er Wirkung: die neuen
antel-Kleider-Kombinationen.
inks für die Berufstätige,
echts Ausgehmantel
ür besonders Modemutige.
Hier ein schik=
ker Mehrtei=
ler für die
sportliche
Dame.
Die neuen Abendkleider aus kost=
baren Samt= und Seidenstoffen las=
sen Sie glänzend zur Wirkung kom=
men, wenn Sie abends in Ihrer Stamm=
kneipe das Tanzbein schwingen. Schicke
Details: tiefe Rückendecolletées
mit Volants und lange
Perlenketten!
ichtiges Accessoir: Verschieden
ecorierte "Anita=Hüte"! Hal=
en auch bei Einsatz von
asserwerfern die Feuchtig=
eit hervorragend ab!!
Ebenso hübsch wie
praktisch: der ele=
gant=robuste
„Hedwig-Schirm"! Un=
verwüstlich und in
vielen modischen
Farben zu
haben!
In der kleinen Leder-Tasche können
Sie die nötigsten Dinge, wie Puderdose,
Frauenkalender, faule Eier und
einige Stinkbomben unterbringen.
In der soliden Umhängetasche
mit praktischem Schnipp-Verschluß
hat neben Ihrer Brotzeit und
Lektüre auch getrost
noch
ein
Molli
Platz!
Franziska BECKER

Also unsere Väter haben sich doch dadurch, daß sie nie was mit uns Kindern gemacht haben, um unheimlich wichtige Erfahrungen gebracht! Das ist doch in so einer gleich berechtigten, partnerschaft=lichen Ehe wie bei uns, viel besser!

# Schall und Rauch

Du solltest mal zu Coiffeuse Suzanne gehen. Da schneidet die Meisterin persönlich! Aber tip-top, sag ich dir!
Und Spliss hab ich auch noch!
Meine Frau würde Amok laufen, wenn ich wieder in meinen Beruf ginge! Sie sagt immer, der Vater gehört zu den Kindern!! Na, Sie wissen ja wie die Frauen sind...
Also, meine denkt da doch mehr partnerschaftlich. Sie hilft mir auch sonntags beim Abwasch und näht sich sogar ihre Knöpfe selber an!!
Paaapiiii!!

# Andersrum

Sie haben so schöne Augen, Herbert. Und Ihre Naivität ist reizend! Die sollten Sie sich immer bewahren! Darf ich Sie nachher nach Hause geleiten?
Darf ich bitten, hübsches Herrlein?
F.B.
Sie hat schon genau den intelligenten Blick von der Mama. Ei dudu! Guck mal, was der Opi dir Feines gestrickt hat!!
Das ist aber süß, Papi!
Das ist recht, daß du uns eine Stamm=halterin beschert hast!
F.B.
Also ich finde den neuen BMW im Styling einfach Spitze
Sie ist ein richtiges Mädchen! Wild und tem=peramentvoll und immer mit dem Kopf durch die Wand!!
Tja, ich habe in dem Alter immer Atlete zu=gefüttert.
Peng!! Peng!!
F.B.
Aber Gerhardchen! Du sollst doch nicht fluchen! Die Handarbeitsaufgaben mußt du noch erledigen, bevor du spielen gehst.
Scheißmist-dooftopflap=pen!! Ich kann die blöden Stäbchen nicht..
Papi hat das auch in deinem Alter gelernt.
Tschüß! Ich geh' Hockey spielen!
F.B.

Gell, die Männer sind furchtbar herrlich, Mamma!
Nicht mal den kleinsten Nagel kann er selber einschlagen!! Alles muß die Frau im Haus selbst besorgen, nach Feierabend...
F.B.

Du denkst ja auch nie darüber nach, ob es angenehm ist, immer passiv unten zu liegen...
Mein Gott! Immer bist du zu müde!! Das ist doch nicht normal. Das kannst du mir auch nicht zumuten!! Geh doch mal zur Männerärztin...
F.B.

Mußt du unbedingt so aufreizende Höschen anziehen?! Du weißt doch, wie die Frauen sind! Aber erst provoziert ihr und dann wundert ihr euch noch, wenn ihr vergewaltigt werdet!
F.B.

... haben Sie also Sorgen mit dem Töpfchengehen, liebe Väter, wenden Sie nur sanfte Gewalt an...
Gott, du hast auch garkeine geistigen Interessen mehr. Lies doch mal den politischen Teil, bilde dich doch mal ein bißchen weiter!
F.B.

Tja, Herbert. Da hilft nur eines: Mit Männerwaffen kämpfen! Du mußt halt auch etwas mehr für dich tun. Ein bißchen mehr auf die Figur achten. Und laß doch deine Haare tönen und legen und besorg dir jugendlichere Kleidung..
Meine Frau betrügt mich..
F.B.

Aber Schatzi! Bitte!! Doch nicht jetzt!! Ich muß unbedingt dieses Gutachten noch schreiben, das weißt du doch! Geh schon vor, ich komm bald nach.
F.B.

Ach, Frau Doktor. Die Spirale zwickt mich immer! Außerdem bin ich in letzter Zeit so niedergeschlagen. Seit die Kinder größer sind, fühl' ich mich so nutzlos, so unausgelastet..
Ach, das ist normal in Ihrem Alter. Ich schreibe ein Beruhigungsmittel auf, dann sieht in einer Woche die Welt wieder anders aus...
F.B.

Also, ihr wißt ja, wo der Kühlschrank steht!! Ich geh' jetzt in's Männerzentrum! Du brauchst nicht auf mich zu warten, Luise, es kann spät werden.
Herbert!! Du bleibst sofort hier!
Was is'n das, ein Männerzentrum?
F.B.

SUPER-Color-Tönungs-Wäsche
Verwöhnen Sie sich doch mal wieder:
Gönnen Sie sich einen Schönheitstag!
1 Enthaaren
2 Gesichtsmaske mit Gurke
3 Massage/Sauna
4 Entschlackung
Abführ Tee
Frigitte
Frühjahrs Diät

# Reklame verkehrt

»Erst die Figur macht die
Originalzitate (» «) Deutsches Mieder-Mode-Institut
»Durch Miedermodehefte für die Verbraucher...
Ist es nicht süß!!
zauberhaft!
Mieder Mode
und Anziehpuppen für die Kleinsten soll das Miederbewußtsein bei Deutschlands Männern geweckt werden.«
...doch unser Rollenspiel wird nur akzeptiert, wenn es echt und natürlich wirkt.«
Ach, hätte ich doch bloß auch so eine schöne Figur!!
»Zu dieser Sicherh
und soziologischen
gehört die gebänd
„gefestigte" Figu
Modell „Kai"
Modell „Rudol
»So wie ein Mann seine Figur hält, so zuverlässig und kritisch ist er, so schlampig denkt er, und so wenig Vertrauen dürfen wir zu ihm haben.«
»Jeder Mann sollte si
überlegen, welch un
türliches Fehlverha
er an den Tag legt
wenn er gewollt
natürlic
Mach dich doch mal ein bißchen z Junge. Und trage Corselet! So wirst nie eine Frau finden! Hör auf deinen Papa!
der Figuridealisierung entsagt.«

Persönlichkeit.«
Nur: statt „Frau" wurde „Mann" eingesetzt.
er selbstverständliche Anspruch
f eine bessere und perfekte
gur soll und kann für jeden
ann zur Wirklichkeit werden.«
»Wir geben uns Mühe, einen guten Eindruck zu hinterlassen, eine gute Figur abzugeben ...
Auftreten
lenspiel
, die
ir formen
e Formen
schön!"
ER MODE-INSTITUT
Modell "Harry"
»„Erst mit einer straff sitzenden Miederhose empfinde ich die Lust an extremer Bewegungsfreiheit,"
FC Bayern
bekannte kürzlich ein gertenschlanker Dreißigjähriger, der viel Sport treibt.«
»Warum verkaufen sich so viele Männer bei uns
deutlich unter ihrem Wert?!«
ch habe Jahrzehnte nicht gewußt, aß ich einen Körper hatte," ekannte kürzlich ein Mann in der prechstunde eines Psychologen. r hatte seelische Schwachstellen, erhaltensstörungen und Probleme n Umgang mit rauen.«
»Geheilt, begann er, sich an schöner Unterwäsche, an modischen Miedern zu erfreuen. "Ich begann, mich zu verwöhnen!"
steht Ihnen wirklich ganz ausgezeichnet, gnä' Herr!
Heute ist er so normal und glücklich wie alle, denen Körperkultur ein selbstverständliches inneres Anliegen ist«
BECKER

Zu meiner Tochter sag ich immer, ich müßte dich im Kranken=haus besuchen! Sonst muß ich dauernd Enkel hüten! Jetzt, wo ich end=lich mal Zeit für mich hab'...

# Zurück zu den Affen
## Hommage an ZEIT-Zimmer

# Das Jahr

.. daß Erziehen heute schwieriger wird, liebe Eltern, liegt an der veränderten Stellung der Frau in der Gesellschaft ...
Gell, der spinnt! Hier sind doch gar keine Eltern, hier sind doch nur Mütters!!
1979 Jahr des Kindes
... hoher Rang der Familie ... positive Bewertun der Hausfrau und Mutter ... Mut zur Erziehung ... Mütterunterstützung ... Konsumverzicht ... b drohender Geburtenrückgang ... Generationenvertrag ... Raum ohne Volk ... bevölkerungspolitische Maßnahmen ...
Wann kommt'n die Biene Maja?!
Mama Was is ein Bebi- Scho
Aber hier stand doch, es käm' was zum "Jahr des Kindes" ...
TV
Los, los Kinder! Jetzt wird zusammen aufgeräumt! Die Buben stellen die Matratzen zusammen, und die Mädchen räumen das Geschirr ab und wischen die Tische schön sauber!!
Ich will aber die blöden Tische nich wischen!!
Nein, Nicole, jetzt nicht! Du kannst nicht einfach alles haben, was du grade siehst!!
Ich mag 'n Kaugummiii!!!
20Pf. 50Pf.
Der Ball wird konfisziert!!! Und wenn ich euch noch einmal hier beim Spielen erwische, dann hol' ich die Polizei!!!
Spielen im Hof und auf dem Rasen VERBOTEN!
Unverschämtheit!! Als könnten die Gören nicht auf ihren Spielplätzen bleiben!!
Hört ihr wohl jetzt endlich auf!! Ihr wißt doch, daß man unten alles hört!!
Und sofort wieder anziehn.
Das gute Gebäck!
Menne!! Die blöden Alten tun sich imm einfach vordrängeln!!!

des Kindes
Von wegen groß geworden!!
a, Uei, erzähl doch den Schmidts mal, ß du nachts immernoch n's Bett machst und Windeln anzieh'n mußt!
Nimm doch die Finger aus dem Mund, Kind!!
Was mußt du auch so herum= rennen wie eine Verrückte! Der Mantel kommt frisch aus der Reinigung!!!
Eh' du nicht mit den Aufgaben fertig bist nd dein Zimmer tip-top in Ordnung ist, ommst du mir nicht aus dem Haus!! Ein Mäd= chen in deinem Alter muß auch mal ein bißchen Disziplin lernen!!
Jch trau mich nicht nach Hause!! Mein Vater ver= haut mich!! Und außer= dem hat er gesagt, er gibt mein Meerschweinchen weg, wenn ich sitzenbleib!!!
Tja, Oliver, das hättest du dir eben mal ein bißchen früher über= legen sollen! Heulen nützt da jetzt nichts mehr!
aß sie ruhig nach ll sich endlich mer hinter soll!!
ein Weilchen zappeln!! Sie mal merken, daß sie nicht uns hertrödeln
Mamaaa!! Wo bist du??!!! Mama!!
Jch hab' dir doch gesagt, du sollst die Jürken nicht mit in die Wohnung bringen!! Es reicht, wenn ihr draußen zusammen spielt!!
... ihr ungezogenen Kinder, habt ihr schon wieder in die Hosen gepißt!!
..Und jetzt ab in den Keller, und dann will ich keinen Mucks mehr hören!!
.. und ich wär jetzt die Tante und tät grade zu Besuch kommen..
Jch geh' nach Australien. Jn der Zeitung steht näm= lich, an unserem Elend sei nur das „generative Verhal= ten der Deutschen" schuld.
Aber Papa sagt, Frau Geier aus der CDU hätte recht, und das käme alles nur von den hysteri= schen Femi= nistinnen.
Franziska Becker

Ach du lieber Himmel, wie siehst du denn aus?! Da muß man sich ja schämen mit so einem schmutzigen kleinen Mädchen!!
Um Gottes Willen! Komm sofort da runter! Mußt du denn den Buben alles nachmachen!
Wie sieht's denn hier aus?!! Sofort räumst du deine Sachen auf! Wie oft soll ich dir denn noch sagen, daß du Ordnung halten sollst!
Häng deinen Mantel ordentlich an die Garderobe!
Zieh Hausschuhe an!
Wasch dir die Hände!
Brin dem Papa sein Bier
Paß auf deinen neuen Mantel auf! Mach dich nicht schmutzig!
Schlurf doch nicht so mit den Füßen!
Wollt ihr wohl sofort aufhören!! Man haut doch keine Mädchen!
Und du benimmst dich wie der letzte Gassenjunge!
Pfui schämt euch, ihr ungezogenen, frechen Kinder!! Wie oft hab' ich euch schon gesagt, ihr sollt Ordnung halten!!!
Franziska

Sei ein artiges Mädchen, und gib der Tante deine Hand!
Pfui schäm' dich!! So mit deinen ELTERN zu reden! Geh sofort auf dein Zimmer, wir wollen dich nicht mehr sehen!!
Mußt du in der Wohnung Seil-springen? Kannst du nicht mal ein bißchen leise sein?!!
Nun sitz doch nicht immer hier 'rum! Spiel doch mal mit deinen Puppen!
Oh, das machst du aber sehr schön gründlich!
Komm, hilf der Mama den Tisch abräumen!
IMMER ICH! IMMER ICH! Soll DER doch helfen!!
Das geht ja sehr flink! Siehst du, du bist schon ein richtiges großes Mädchen!
franziska

Haltet euch fest, Kinder, da Kommt ein Mammut!!
F.B.

# Annodunnemal

Nee, Ascanius! Ich geh' heut' mit Livia in die neue Juno-FrauenKneipe!
Wir holen noch Agrippina ab!!
Ooch, wo ich doch Karten für's Colosseum hab!..
Na siehste, Siegfried! Ich hab doch gleich gesagt, du sollst lieber zuhause bleiben und schonmal den Backofen vorheizen!!
Diese ewigen Minneschnulzen nerven mich!! Der dudelt jetzt schon seit drei Wochen vor meinem Fenster!
Du lieber Gott, Piero, nun sei nicht so tüttelig und zieh endlich deine Klamotten aus!! In der Renaissance wird nun mal Akt gezeichet!!
Ooh, bitte nicht, Michelangela!

Aber Gnädigster! Sie waren doch so wild auf ein Schäferstündchen!!

Ach Fritzi, ach Fritzi, um einen Kuß ich bitt Sie!!
Ach Goethe, ach Goethe, Sie sind mir echt zu blöte!!

Oh, Schwiegermama in spe, das Riech=fläschchen...
Verdammt, ich will aber weder die blöde Harfe lernen noch über=haupt jemals hei=raten!! Ich werde Dichterin und damit basta!!!

Immer schön locker, junger Mann! Sie müssen sich dem Tangorythmus ganz hingeben!

# Mütter und

Was soll ich denn meiner Mutter bloß zu Geburtstag schenken?
Schenk ihr doch was über Mütter und Töchter. Das ist doch auch 'n guter Einstieg für Gespräche
BERGMANN!
Herbstsonate
Also ich find, es wird echt höchste Zeit, mit unseren Müttern in'n Dialog zu treten..
Ich mach übrigens meine Examensarbeit dadrüber. Jetzt ist mal Schluß mit dem ewigen Oedipus..
Café nur für Frauen
Ach Gott, da fällt mir ein, ich muß meine Mutter mal wieder anrufen!
... hatte unheimlich viel zu tun ... Komm' dich morgen besuchen
Ach, ich wußte ja gar nicht mehr, daß ich noch eine Tochter habe!!
Ich dachte, du kommst schon zum Mittagessen!...
Du schaust aus!! Deine schönen langen Locken zu so einem Rattenkopf zu verschneiden!! Und einen BH solltest du wirklich tragen! Dein Busen ist zu groß! Das sieht doch nicht aus!!
Machst du mit deiner Arbeit auch voran?!! Das macht mir so Sorgen. Du mußt doch allmählich in geordnete finanzielle Verhältnisse kommen!!
Aber Mutti, du weißt doch, daß ich die Halbe Assistentenstelle hab! Ich komm' sehr gut hin!
Bitte nein! Nicht noch eins!! Das ich mir nicht leisten! Ich bin auch prumps-satt!
Ach iß doch, Kind! Hab ich extra für dich besorgt! Du kannst doch noch was vertragen! Du bist doch so schlank!
... weißt du, mit Rolf... da gibt's in letzter Zeit ziemlich Probleme...
Ach, Probleme, wo gibt's die nicht!! Das wird schon wieder! Als Kind warst du auch schon so ein Hitzkopf! Ja, ja, ich kenn' dich doch am Besten!!

# Töchter

Ach Komm doch her und laß dich von deiner Mutter mal ein bißchen Knuddeln!!
Verdammter Mist! Noch zwei Stunden und ich bin reif für die Klaps= mühle..
Stell dir vor, bei der Kleinen Müller ist was unterwegs! 16 Jahre!! Daß die ihr Kind aber auch nicht aufge= klärt haben!!
Und das sagst ausgerechnet du?!
Ruf doch mal deine Schwester an! Jetzt wohnt ihr in derselben Stadt und du Kümmerst dich Kaum. Und die Kinder sind ja so niedlich!...
ja ja..
h, jetzt wird's aber höchste Zeit! Jch hab' noch'n Seminar heut abend!!
Du willst schon wieder geh'n?! Du bist doch gerade erst gekommen!
O Scheiße.. jetzt ist sie wieder alleine die ganze Zeit.. Sie Kann ja auch nicht aus ihrer Haut... ob ich morgen noch mal anrufe?...
ehste mit mir in „Innenleben" mWoody Allan! Den hab' ch damals nicht gesehn!
Nur, wenn du mich totschlägst! Heut Könnt' ich nur noch Mae West ertragen..
Huhu, Sabine!!
Jst echt 'ne unheimlich starke Erfah= rung für mich. Jch fühl mich irgendwie total als Frau, unheimlich gut! S'wird be= stimmt 'ne Tochter! Der Arzt ist sich hundert= prozent sicher!...
Oh Mama mia!!
Franziska Becker.

Mutter
Ach du großer Gott!! Das hätt' ich ja fast vergessen! Was kauf' ich denn bloß?...
Für Mutti! Galama-Nerven-Tonikum
TSCHIBBO-Sonder-Angebot zum Muttertag
Mon cherie
zum Muttertag
Küchenquirl
Zum MUTTERTAG der neue Flopp-klapp staubsauger
elektronisch gesteuert
Mutti ist die Beste
Vergessen Sie nicht: Sonntag ist Muttert
Fahrräder anlehnen verboten!
Ich mach' jedes Jahr das gleiche: ein Strauß Drachenfutter und eine Flasche Kölnisch Wasser, und die Sache hat sich!!
... im Bett!.. da muß ich danach die ganzen Krümel wieder wegmachen!!..
... und dafür sollst du dir mal einen richtig schönen Nachmittag in der Stadt machen!
4711
Schönen Muttertag auch!! - Du, die Wäsche stell' ich dir gleich runter zur Waschmaschine! Und dann helf' ich Tisch decken!
Ach, das wär' doch nicht nötig gewesen! Wegen dem albernen Muttertag!..
mon cherie
Könntest du nicht mal mit Vati wegen 'ner kleinen Finanzspritze zum Auto reden?! Du bist doch so diplomatisch!
Nein, nein!! Ruh du dich mal aus!! Heute machen wir den Abwasch!!
Na gut! Dann leg ich mich mal ein bißchen lang.
Wo gehört denn das silberne Besteck hin, Martha?!!
Mutti! Wo ist denn bei dir der Topfkratzer?!!
Hör zu

tag
Wir wolle- ten ge- rade spazie- ren geh'n
Das ist aber hübsch, Kind! Das paßt genau zu meinem blauen Kleid!
.. ach, übrigens .. da fällt mir ein: Könntest du im Juni zehn Tage die Anja nehmen?! Ich hab da Gelegenheit, mit Günter zu einer Tagung zu fahren ..
.. Die Kleine hängt ja so an dir!! Also, die würde sich rasend freuen! Und wenn du dann noch die Blumen gießen könntest, und dem Meerschweinchen ab und zu ein Salatblatt reinschmeißen ...
eigentlich t Vati da gerade laub .. aber elleicht ...
Aber Mutti!! Ich hab doch extra gesagt, daß ich nen Kuchen mitbringe!!
Ach, ich hab' doch schnell einen gebacken!! Die Männer essen ihn doch so gern!!
Zitronencreme
und weißt du noch, wie Rolfi beim Muttertagsgedicht die Hosen runtergerutscht sind?! Was haben wir gelacht!!
Jedes Jahr!!
Schon so spät?!! Ich glaub, ich muß!!
daß ihr immer nur so kurz bleibt!! ... Vergiß die saubere Wäsche nicht! und fahr' vorsichtig!!
Aber Martha-Liebling! Du wußtest doch, daß ich heute noch eine wichtige Besprechung hab'! Ich mach's auch ganz kurz!!
Gerade heute, am Muttertag!! Da könntest du auch etwas Rücksicht nehmen!!
... den ganzen Tag auf deinen Anruf gewartet!! Aber an mich denkt ja keiner!! Du hast ja deine Familie, das ist die Hauptsache! Da braucht man ja an die verwitwete Mutter nicht zu denken!!!!!
Franziska Becker

du ich zittre nach dir
bespring mich
laß deinen Arsch Krei=
sen
bette dich in meine
schlüpfrigen Schenkel
trink mich !!
wo die Nacht den Tag umarmt

# Bewegungs - Sex is beautiful

Geschenke
Eine besondere Geschenk=idee für JHN, die wenig Mühe macht und große Wirkung erzielt:
Peniswärmer aus kuscheliger Mohairwolle! Oder aus gelän=zendem Lurex=garn für die Festtage! Besonders hübsch als Ensemble mit
Sockenhalter, Fliege und Pfeifenfutteral
Für alle Lieb=haber des Trustika=len Stils: aus Lederresten mit zier=lichem Loch=muster.
Arbeitsanleitung mit Schema=schnitt S. 73
Sein Kulturbeutel ist veraltet? Schenken Sie JHM ein
hübsches Modell aus aktueller Klarsicht=folie mit niedlicher Silbereinfassung! Praktisch: Er sieht immer, was er dabeihat!
Für den Softie: Etwas Zeit und Geduld brauchen S
schon, um dieses
Edu
zauberhafte Damast
nachthemd mit den
zarten aufgestickt
Motiv nachzuarbeit
Gestickt wird im Kre
Knötchen-, Platt- un
Bienenstich.
Für den schönheitsbe=wußten Mann:
„Hopp und Flopp", das moderne Hair=Dressing=Set. Mit oekolo=gisch-windener=getischer Trockenhaube. Er wird begeistert sein!
Alles zusammen im bezaubernden Happy=Hair=Beauty=Koffer!
Kreisch!
Oh, Martha, für mich?...
Für das kleine Porte=monnaie:
Niedliche Pätschwörk=Unter=höschen für JHN, aus Stoff=resten liebe=voll genäht und origi=nell in einer Back=form verpackt!!
Nähen Sie aus Jhrem schwarzen Karate=gürtel eine edle Krawatte für JHN!
Für große Lecker=mäuler:
Was wäre die Weihnachts=zeit ohne die guten alten Haschplätzchen! Selbstge=backen und liebevoll gla=siert, oder mit Dr. Brödkers Backmischung!
Für sportliche Typen:
Zu wis=sen, es ist Platin!!
Für diesen noblen Jogging=anzug aus Platin mit Goldauflage müssen Sie schon etwas tiefer in den Geldbeutel greifen! - Er besticht durch zeit=lose Form und trotzt jeder Witterung!!

Für den emanzipierten Mann:
Schmatz
Ein elektronisch gesteuerter Staubsauger in SEINER Lieblingsfarbe!
Für JHN
…n individuelles Geschenk …den anspruchsvollen Partner:
„Memoire", der Reif voll Danke=schön!! Bei Jhrem Jubilier ab 2364.-DM aufwärts.
Für ungeübte und eilige Näherinnen: „Der schnelle Schnitt"!
Entzückender Hausanzug, in 1 Stunde genäht. Aus einem Kartoffel=sack oder Kopf=Kissen=bezug.
Hier mit niedlichem Stickmotiv.
Please schnippel here
Molliger Morgenmantel für JHN und es. Einfach eine Steppdecke um=klappen, in Kopfbreite einschneiden, die Seiten - bis auf Ärmellöcher - zu=nähen, fertig! Reizend und originell: Der flauschige Kaffeewärmer als orientalisch wirkende Mütze ist das Tüpfelchen auf dem J!!
…r den …nossen:
…bstge…bte …eider Shantung=…de und …ndgearbei…e Hua=Mütze …t applizier=…m Stern aus …änzendem Moirée.
Ein ganz persönliches Geschenk für verträumte Stun=den!
Flugblätter der Studentenbewegung von 1968-74, in Schweinsleder ge=bunden, mit hüb=schem Leseband.
Für den Hobby=gärtner:
Hosianna!!
Schenken Sie JHM doch ein=mal eine hübsche exotische Pflanze!
Für den Musikbegeisterten:
Aus Fimo wird dieses schmucke Alphorn selbstge=formt, im eigenen Ofen gebacken und anschlie=ßend mit niedlichen Blu=menmotiven liebe=voll bemalt!
PUPS
Für ganz Eilige: Schenken Sie ihm einen Coupon, daß Sie eine Woche lang nicht in's Frauenzentrum gehen. Ein schlichtes Geschenk, das gleichwohl viel Freude bereitet!
Lieber Willi!
für eine Woche!
Franziska Becker

...Kürzlich konnte ich eine noch völlig unerforschte Hiero= glyphe ent= ziffern...
Darf ich vorstellen: meine Frau, Herr Vögely..
Sehr erfreut.
Im Supermarkt gibt es ein Frischkäse= sonderangebot!

# Weihnachten

Geschenke, die von Herzen kommen.

Frauen
1955: Rita ist Lehrerin, intelligent, selbständig und tüchtig. Robert ist Techniker, intelligent, selbständig und tüchtig. Die beiden heiraten.
Komisch, meine Zeitungen kommen garnicht mehr...
Ach die... die hab'ich gekün digt. Was brauchst du jetzt noch pädagogische Zeitschrifte Dazu bleibt dir doch sowieso kei zeit. Und außerdem hast du ja jetzt die Pädagogik hautnah sozusagen. Und zwei Tages zeitungen brauchen wir auch nicht!
1956: Rita erwartet ein Baby und hört auf zu arbeiten. Von nun an muß sie Robert fragen, wenn sie ein neues Kleid kaufen will.
Mir gefällst du so sehr gut, Ritalein! Das macht dich so fraulich und weich. Meinet=wegen könntest du immer schwanger sein!
Gott, hab'ich Rücken=schmerzen! Meinst du nicht, wir solleten mal an ein Verhütungsmittel denken, allmählich...
1959
Und das ist das Reich meiner Frau. Das macht sie so nebenbei zum Vergnügen. Außerdem, finde ich, ist es sehr gesund, immer eigenen frischen Salat auf dem Tisch zu haben
1961: Robert kündet die bequeme Stadt=wohnung und mietet – ohne Rita etwas zu sagen – ein Bauernhaus in einer Gegen wo sich Hasen und Füchse Gutenacht sage Das wäre gesund für die drei Kinder.
Rita!! Es ist unglaublich!! Für deine Einladungen ist doch wirklich genug Zeit, während ich bei der Arbeit bin! Wenn ich müde nach Hause komme, möchte ich unbedingt Ruhe haben!!!
1962: Robert ist Prokurist geworden und bringt nun öfters Kollegen nach Hause. Wenn Rita Freundinnen einlädt, fühlt er sich gestört.
Na siehst du, mit so einer großen Tochter geht doch das Spülen im Handumdrehen!
Ich muß mal ganz schnell aufs Klo
1966: Robert wehrt sich gegen die Anschaf=fung einer Geschirrspülmaschine, denn er is für Umweltschutz. Er selber fährt trotz Umweltschutz nicht einen Kilometer weniger Auto.

schicksale
Aber Rita! Was muß ich da hören. erade jetzt in der Pubertät rauchen dich die Kinder doch esonders! Und wenn du unbedingt aus willst, mach doch einen ymnastik- oder Nähkurs in der Abend= schule mit.
Also, wenn sie wieder arbeitet, laß ich mich scheiden!
71: Die Kinder sind bereits ziemlich selb= ständig und Rita möchte in ihren Beruf urückkehren. Robert macht Oposition.
Mein Gott, muß man denn über jeden Schritt hier Rechen= schaft ab= legen?!
Mensch, Mutti, wir sind doch keine Babys mehr!!
Kommt ihr zum Abendessen wieder oder bleibt ihr länger weg? Wo geht ihr denn hin, Kinder? Kommt bitte nicht später als zehn nach Hause...
1972
und ich sage ein und damit asta. Du siehst och an Mutti, aß eine längere Ausbildung für die Katz ist!
Ogottogottogott, warum muß ausgerechnet ich so einen sturen, autoritären Vater haben
73: Rita unterstützt ihre talentierte Toch= er, die vom Konservatorium träumt. Der ater redet von "Flausen" und verbietet s.
Aber Rita-Schatz! Mußt du immer wieder davon anfangen. Segelfliegen ist nun mal ein teures Vergnügen, das weißt du doch. Außerdem, wozu ins Ausland fahren, wo hier doch die schönste Natur vor der Türe liegt!!
1975: Rita würde das zwanzigjährige Ehejubi= läum gerne mit einer USA-Reise feiern. Das Geld dazu hat sie schon vor Jahren von einer Tante erhalten, doch nun muß sie erfahren, daß ihr Mann dieses Geld längst für teure Hobbies ausgegeben hat.
Ritalein, tu' mir einen Gefallen und rede auf der Party nicht über Dinge, von denen du nichts verstehst! Mußt du übrigens immer so hausbacken gekleidet sein?! Mach dich doch mal etwas zurecht! So siehst du ja aus wie deine eigene Großmutter!!
Franziska Becker
1977
Rita, bitte!!! Keine Szene jetzt! Wir wollen doch als Freunde scheiden! Wir haben uns eben ausein= andergelebt...
1978: Robert lernt ein attraktives, selbständi= ges und tüchtiges Mädchen kennen und läßt sich daher von seinem langweiligen Haus= würzelchen Rita scheiden, was der Richter im Stillen seines Herzens begreift und ein entsprechendes Männerurteil fällt.

DAS SCHICKE HEMD
FÜR MODERNEMÄNNER
NUR:
59.-
SCHEISS
PHALLOKRA
Im Kaufhaus TORTE
KINO:
LUX
PALI
HARMONIE
NONSTOP
SEX
PORNO
ilm
F. BECKER

# Sternklage

Also meine Meinung ist: Recht ham' die Mädels!! Wir brauchen uns nicht alles gefallen zu las= sen!! Jetzt gehts rund!!!
genau!
wann gehts denn hier weiter?!
Das ist doch der pure Neid von diesen häßlichen Weibern!! Wenn die so knackige Popos hätten...
Na, du hast's grade nötig! Bei deiner Figur!
Hat der Papa wieder was Pfallokratisches gesagt?!
O Gottogott, ich bemach mich!! Monika, hast du den Kommentar von Augstein gelesen? Das ist ja schon grenzdebil!!
Hier geht es doch darum, wesentlichere Probleme aufzugreifen, etwa die Leichtlohngruppen, wie es von meiner Partei, der FDP schon seit Jahren konsequent angegangen wird!
zu denken gibt, daß alle Interviewten auf die EMMA-Herausge= berin verwiesen. Geraten hier die Frauen nicht in eine neue Abhängig= keit?!!
Bleiben wir doch auf dem Teppich! Diese prüden Emanzen wollen uns doch nur wieder eine neue Zensur be= scheren!
Also mir macht Sex viel zu viel Spaß, als daß mir nackte Popos was aus= machen würden!!
Die müßten mal ordentlich durchge= bumst werden, bis sie keinen Piep mehr rauskriegen!!
Ein großes Aet!!!
Würden Sie vielleicht gerne eine Zeitung kau= fen, bei der den dauernd die Eier von Männern auf dem Titelbild baumeln?!
Mama!!
Hör mal... hab 'ne tolle Formu= lierung gefunden für meinen Leserbrief: „Hierzu gehört schon die perverse Phantasie einer Alice Schwarzer, um in einem Mikrofon ein Phallussymbol zu sehen..."
JOHN WAYNE

Emma exKlusiv: Tran
Notieren Sie: 186,4 SeKunden vom Wagenausstiegs=punkt bis zum Eingang Königs=saal!!
Wo soll die Blu=menschale noch hin?
Cafe Viktoria grüßt das Königspa
Einer so süßen Königin Kann man doch nur mit sü=ßem Naschwerk huldigen! Darum Silvia=Torte „Die weiße Dame"!!
... und weißt du noch, die Traumhoch=zeit... und als deutsche Königin Kommt sie uns jetzt besuchen! Ob unser Hildchen auch mal so ein Glück haben wird...?
... ach hör auf! So emanzipiert wie die sich immer aufführt...
Also, ich weiß nicht! Im 6. Monat, und dann noch so ein Staats=besuch...
Aber der König achtet doch streng darauf, daß sie sich nicht überanstrengt! Er hat ihr sogar di schwere Krönungskrone verboten. Und sie sagt ja auch selbst, ihr Baby geht überall vor!!
Where does the bus to the castle leave??
... Auf dem Hubschrauberlandeplatz Kommt es dann zur Wiedervereinigung des Königspaars. Der Konvoi fährt dann über die alte Brücke. Der Wagen des Königs trägt den Ständer seiner Majestät...
Scheiße!! wo hab' ich bloß die Pressekarte verloren?!!
Hallo Horst! Mußte wegen der Silvi-Story Kurz von den Bahamas herjetten!
Mensch, bist du braun Junge!
Können Sie Kleider beschrei=ben??
Klar. Die Königin trägt in jedem Fal 'n Hänger, weil Sie schwanger ist. Das Stützkissen ist aus Seide!
dpa
Ich bin so gespannt, was die Silvia für 'ne Krone aufhat...!
Kuck mal! Sieht man mein Gips=bein??
Ihr werft jetzt sofort eure Kau=gummis in den Papierkorb!!
Bitte ganz Kurz: Wie war Ihr persönlicher Eindruck von Königin Silvia, als sie vor 22 Jahren für einige Monate Ihr Internat besuchte?
Die ehema=lige Direkto=rin!
Quat das is doch Tante von der Silvia

ziska bei Silvia
Wenn die Emmas mich jetzt sehen könnten!!
Ihre Hofdame, Gräfin Wachtmeister! Und dahinter der Leibarzt Professor Borell. Stand alles in der „Freizeit Revue“!!
Deine Rede!!
... besiegelt Ihre Eintragung in das Goldene Buch Ihrer Stadt die Anteilnahme Ihrer Heimat am Happy-end Ihrer Majestät ...
Silvia
Königin
Frau Sommerlatz, was würden Sie
es Königinmutter allen Mädchen
ten, die Königin werden wollen?
timmt es, daß Ihr Mann die Königin
bisweilen immernoch zärtlich „mein Kätzchen“ nennt?...
Willkommen daheim, Majestät!!
Silvia!! Es wird ein Junge!!
Silvia, bleib wie du bist!!
Wo isse denn??
Silvia!! Glücksmädel!!
Jetzt knips' doch endlich!!
wo
n! Ich
'ja nichts!
Halt! Beachten Sie die Absperrung!!
Noch nie wurde hier ein Staatsbesuch mit so viel echter Begeisterung begrüßt. Das zeigt doch deutlich, daß Bayern bis heute tief in seinem Herzen eine heimliche Monarchie geblieben ist!
Franziska Becker

# DEN FRIEDEN SICHERN

Die humane
„... werden uns heute im Studio Herr Dr. Hacker, Mitglied d. Bundestags sowie Herr General Knörzer Fragen zu einem viel diskutierten Thema beantworten
Alle Zi („...") a „Spieg
1
„Nun, die Neutronenbombe ist eine der wichtigsten Erfindungen der letzten Jahre. Denn diese Waffe macht unsere Abschreckung und Verteidigung erheblich glaubwürdiger!"
Herr Dr. Hacker. Wie sehen Sie die Bedeut der Neutronenbomb
2
„Die Außergesechtfetzung... äh.. fechtsetzung des Feindes erfolgt augenblicklich, während durch verminderte Druck- und Hitzeentwicklur die materiellen Zerstörungen auf ein geringes Maß herabgesetzt werden. Sozusagen eine saubere Kernwaffe."
Und worin besteht ihre Wirkung auf de menschlichen Körper
3
„Der Mensch wird ... lassen Sie es mich einmal etwas salopp ausdrücken versaftet."
4

Endlösung
"Um den Krieg zu verhindern, muß jedoch jedes brauchbare Mittel recht sein!"
eshalb ist es sehr schädlich, die "Diskussion mit billigen
ischees zu befrachten!! Damit wird nur den
mmunisten ein
läubiges
blikum"
geführt!
Herr General, glauben Sie nicht, daß dennoch die zivilen Nachteile die militärischen Vorteile dieser Waffe überwiegen?
Was verstehen denn Sie vom Krieg, Sie Würstchen???!! Im Krieg herrschen andere Gesetze!!
Diese Waffe hätten wir schon im letzten Krieg haben sollen. Da säh's hier heute aber anders aus!!
Herr General! Wir sind doch hier im Studio!!!
Ton ab!! Bild off!!
Franziska Becker

Die Frankfurter spontis sitzen da hinten im Cafe-Nion!
...also, ich find', unsre Kom=munikation läuft echt Scheiße! Jch hab' Keinen Bock, jetzt hier unser'n Beziehungsscheiß aufzuarbeiten!..

LOKI'S KLEINE WELT
»Zitate« sind Original-Loki: Aus Interviews und ihrem Buch „Schützt die Natur".
...na, interessieren... Hauptsache, es interessiert diese verrückten Umweltschützer.
Ich bin ja so glücklich, Helmut, daß du dich jetzt auch für meine kleinen Schützlinge interessierst!
»Warten ist nicht gut. Das belastet die Männer. Im richtigen Augenblick da sein und im richtigen Augenblick verschwinden, das halt' ich für wichtig.«
Süddeutsche Zeitung
»Ooh: Gras-Platterbse, Lathyrus nissolia!! Ein Neufund in dieser Gegend! Der Gedanke, daß dieser Schmetterlingsblütler hier bisher noch nicht beobachtet wurde, bereitet uns allen große Freude.«
Kürrck Kürrck
Gallina chloropus!
»Einige Schritte weiter sehen wir ein stummes Drama: In einem aufgespaltenen Buchenstamm hat eine Fichte gekeimt. Etwa vier Jahre mag sie gelebt haben. Jetzt ist sie abgestorben. Aber die Buche wächst weiter.«
»Wir sind beinahe etwas stumpf von den vielen Eindrücken in der letzten Stunde. Trotzdem kann sich der Blick nicht vom Boden lösen. Vielleicht übersehen wir etwas Neues, wenn wir in die Ferne blicken: diese stillschweigende Besorgnis erhält die Aufmerksamkeit.«
oh Scheiße!! wär' ich doch bloß Sicherheitsbeamter bei Genscher geblieben!!
tirili zwitsch zwitsch
Liebe Bild-Leserin, vielen Dank für die gepreßte viola schnipipula admirabilis. Mein Mann wird sich besonders freuen, wenn ich ihm beim Abendessen erzähle, daß mein Büchlein Sie bestärkt hat, bei den nächsten Wahlen nun die SPD zu wählen.
CRASH
Gemach, gemach! Jeder bekommt sein Autogramm von Frau Schmidt!
Sieh nur Chlodwig-Ottochen, ich hab noch einen Loki-Teller für deine Sammlung ergattern können
GOR-LEBEN
»Wir müssen wieder sehen lernen. Wenn nur zehn Leuten durch meine Aktivität wieder aufgeht, daß eine blühende Wiese etwas Herrliches ist, dann wäre ich echt glücklich.«
Franziska Becker

TELE
Aha, heute haben sie mal eine Modera= torin zur Abwechslung!
tagesthemen
sag mal, ist heute Muttertag im Fernsehen oder warum sieht man nur Weiber?
Frau Minister, wie be= urteilen Sie die Arbeits marktsituation im Hi blick auf die Frauenar= beits= losigkeit?
Aus Rom berichtete unsere Korrespondentin Franca Magnani. Nach den schweren Kämpfen in Uganda herrscht noch immer Unklarheit über den Verbleib Idi Amins ...
Jetzt hakt's aber aus! Das ist ja schon die Vierte!!
Ob der Köpcke heute krank ist?!
Himmi Hergott!! Jetzt isses schon soweit!!! Die Frauen haben das Fernseh'n besetzt!!
der Kommentar
Hallo Neuffi!! Hier Hübner!! Sag mal, was ist denn bei Euch passiert?!! Wie?... Völlig ahnungslos??!!.... In deinem eigenen Sender!!!.. Um Himmels=Willen, wenn das um sich greift!
In Bonn, meine Damen und Herren, herrscht nach Ausbruch des Matriarchats in den Tagesthemen noch völlige Unklar= heit. Sprecher aller Fraktionen bezeichnete die Lage als durchaus ernst. - Wie aus infor mierten Kreisen verlautete, soll de bisherigen ARD= Korrespondenten Ernst Dieter Lueg übergangsweise bereits eine Stelle als Cutter an- geboten worden sein...
Ehefrau als Blutwurst verkauft
BILD
!SKANDAL! entlarvt: eine der Spre- cherinnen war in Wirklichkeit Wallraff!!
Herr Neuffer! Ist nach dem „Rotfunk" WDR jetzt der NDR zum „Frauenfunk" geworden??
BR

Schock
dürften nach dem Umsturz NDR auch die Köpfe erer Intendanten unter n feministischen ebeil rollen!!..
Mein Gott! Und wie reagiert die Börse?!
Frankfurter Allgemeine
Männer verdrängt!
Bölling sprachlos
Herr Höfer, Können Sie Gerüchte bestätigen, daß Sie demnächst den „Frühschoppen abgeben sollen und deswegen neben Ihrer journalistischen Tätigkeit für den „BLÄHBOY" Ihr Zubrot als Bunny verdienen müssen?!
Mensch, das ist doch 'ne ganz heiße Sache!! Das müssen wir unbedingt als itel bringen!! Adele, du mußt sofort nit deiner Minolta nach Hamburg fliegen!!!
Emma
Sie sehen ja, wo das hinführt! Meine Haushälterin hat bereits die Arbeit verweigert!! So, wie sich die Dinge jetzt entwikkeln, wird die Kirche in Zukunft auf elektronische Medien verzichten!!! Die Audienz ist beendet
Wir danken Ihnen für das Gespräch, Eure Eminenz!
Haben Sie schon gehört?! Da soll's jetzt 'nen Frauensender im Fernsehn geben!!
Ja, ja! Mein Mann will den Kindern plötzlich das fernsehn verbieten und versteckt den Schlüssel von der Fernsehtruhe!!
Prima Würste!
„Matriarchat" im Fernsehen, eine bürgerliche Schmierenkomödie zur Verschleierung der wahren Ausbeutungsverhältnisse! Für ein Fernsehen im Dienste des Volkes!!
Kommunistische Volkszeitung
Kommunistische Volkszeitung
Gerade erreicht uns noch die Mitteilung, daß Herr Nowottny soeben die Grenze nach Dänemark überschritten hat!
bild: dpa
Die Wetterkarte - ab heute in neuer Gestalt - ist noch eine der letzten Bastionen, wo die Männer das Sagen haben!..
...ja.. also.. es gibt wieder... ziemlich viel Wetter morgen...
+23°
+17°
Trautima Becker

Nein, mit dem Gummi, das geht nicht!! Das ist so manipulativ! Du mußt wieder die Pille nehmen!

# Feministischer Alltag

EMMA
Mensch Alice! Du kannst doch jetzt keine Briefe mehr schreiben! Die kommen doch gleich!
Huch, der Staubsauger ist kaputt. Da kann man wohl leider nicht mehr weitersaugen!
Mensch, das Klo muß geputzt werden! Das sieht wieder aus!!...
Hab' ich Hunger!! Wat hat die Jean da bloß für 'ne furchtbare Plastikwurst gekauft!
Das Brot reicht doch nie! Ich will ja nichts sagen aber meint ihr, der Wein langt?
Ach Alice, klar reicht das!
Ja, wenn ihr jetzt schon alles auffreßt, dann kann et ja nit reichen!
Och, guckt mal!! Von zwei ganz lieben Les-Frauen!! Sogar mit Foto und gepreßten Blümchen!! Die Süßen!!
Die ersten Blumen!! Jetzt geht's los! Ich fühl mich wie an Weihnachten!
Jean, kannste nicht wenigstens die Pelle abmachen?
Wat denn!! Ihr habt hier gar keine Druckmasch
Na, ich erb' Ende des Jahres 20000 Mark!! Die ich euch, dann könnt ihr euch eine kaufen!!
Das ist unheimlich lieb! Aber der Druck von einem Heft kostet ja schon 50000!!
Da siehste mal! Die sagen immer, wir bringen nichts über Mütter! Und jetzt sind doch so viele gekommen!!
Isses nicht toll, Alice!! Meine ganze Krabbelgruppe ist da!!
Also, ich hab nen Mann, der ist sehr aufgeschlossen! Der unterstützt mich da voll!!
Ich lese EMMA vom ersten Heft an. Und mein Mann der fördert das wirklich sehr!
Ich komm' aus Nürnberg. Also mein Mann hat das auch immer sehr gefördert. Inzwischen weiß ich auch, warum: der wollte mich loshaben!
genauso isses!
Ich lerne Gemüseanbau in 'nem landwirtschaflichen Betrieb. Wir sind zu zweit gekommen, ich, und noch 'ne Arbeiterin von uns!
Hiedegard, je macht ihr doc mal weiter.

# Abend

... und seit 'nem halben Jahr hab' ich eine Frauen= beziehung.
Ich hab EMMA noch nie gelesen! Bin einfach aus Neugier mit 'ner Freundin mit= gekommen.
Ich bin Pfarrerin und habe eine Gemeinde in Gelsenkirchen!
.. Ich hab' ewig mit meinem Mann um das Besuchsrecht für mein Kind kämpfen nüssen. Das ging durch sämtliche Behör- en. Inzwischen hat sich mein Problem uf natürliche Weise gelöst: Ich bin jetzt Witwe.
Also ich war mal im Münchner Frauenzentrum. Und wenn man da ein bißchen hübsch angezogen ist, dann gucken die einen so komisch an: als hätt' man sie nicht alle!
Ich studiere Jura hier in Köln. Und ich fühl' mich da furchtbar einsam!
o iss'n das Klo hier?!!
.. Sie ist aber wirklich sehr groß für 4 Monate!!
Der Till ist auch groß für sein Alter!
Hallo, Alice!! Was ich noch fragen wollte ... ich hab da noch was auf'm Herzen!
Also ich finde, ihr seid so männerfeindlich! Ich hab' die EMMA zwar noch nie gelesen..
Also, weißt du ... Statt uns hier solche Klischees um die Ohren zu schlagen, lies doch erst mal die EMMA. Und wenn du uns dann immer noch männer-
feindlich wollen wir gern damit andersetzen.
findest uns' aus-
Aber
dann auch ein- so nicht!!
Uff, bin ich erledigt!!
Mensch, jetzt fährst wieder nach Nürnberg. Wie war's denn für dich? Haste denn was vom Abend gehabt?
Ach, es war so toll!! Jetzt hab ich wieder Kraft!! Nächstes Jahr komm' ich wieder!!
Franziska Becker.

# Zu Besuch

Wie sieht dat dann he widder us?!! Man sulle nit mähne, dat he nur Fraue ärbede!!
Also Geeli!! Das ist ja heut' ein Kaffee. Das reinste Spül=wasser!!
Jch hab' heut wieder 'n geseg=neten Appetit!
Sag mal!! Könnt ihr nicht vorher überlegen! Jch hab mein Blatt schon fast durch radiert!
Issi, du Mist=stück. Gib den Radier-gummi her!!
Ach nee, den Artikel von Susanne schieben wir doch lieber auf Seite 20!
Also, ihr könnt j auch ohne mic weiterquasseln. J muß jetzt zu Deutz!
Also, ich bin dafür, daß wir die Klitorisbilder aufs Februar-Heft schieben. Über Nina werden sich schon genug Frauen aufregen
BUNDES POST
Mensch!!! Jch kann nicht arbeiten!!! Könnt ihr nicht woanders hingeh'n
DRUCKHAUS DEUTZ
Guck mal, der Fern=sehfritze für Alice
Wie findst'n den? Wär das dein Typ?
Was hat er denn für Beine?...
Jch halt et hier bald nich mehr aus!!! Völlig männer-fixiert!!
Hildegard!!! Wie ist die Nummer von Leona?!!
Also ich bin unheimlich sauer auf euch! Erst war's so eilig und jetzt schmort der Artikel schon seit drei Monaten bei euch!!! Schickt ihn bitte sofort zurück!!!
ja..ähem..
Die kleine Alice muß mal schnell in den WDR, die Bilder holen!!!
Scheiße!!! So'n Chaos!!
Geli!!! Du sollst doch nicht rauchen!! Denk an Föti!!!
Ach, die eine...
Adeele!!! Dein Hund, das Schwein, hat schon wieder vor meinen Schreibtisch geschissen!!!
Mensch, ihr tut immer so, als hätt' ich da hinge-schis-sen!!

bei EMMA
Ingrid..
Also, ich schlag vor, wir richten jetzt wirklich mal 'nen Küchendienst ein. Am besten fangen wir hinten im Alphabet an....
Soll'n wir uns mal was Leck'res bei Hoss holen?
Das kann ich mir nicht leisten! Ich hol was in der Kaufhalle.
Ich hab' ganz tolle Sachen zum Mittagessen eingekauft!!
Nee, Annelie, ich eß nichts! Ich mach Diät: Köhnlechner!
Das einzige, womit ich abnehme, ist Majo-Diät!
Schon wieder!! Wir sind doch hier nicht bei BRIGITTE!!
Kann man denn hier nie in Ruhe arbeiten?!!
Nachher maulst'e wieder, du wüßtest nicht, was im Heft steht!
DRUCKHAUS DEUTZ
Wo kann denn dieses Scheiß-Manuskript bloß sein?!
Hallo! Ich bin grad zufällig in Köln und dacht', ich könnt doch mal auf'n Kaffee vorbeischaun und 'n bißchen klönen!!
furchtbar!
Bauch so raus
Die Leute werden sagen, die Schwarzer ist nicht nur klug, die ist auch sexy!!!
Aber die Schuhe passen farblich überhaupt nicht, Alice!!
Ist doch wurscht! Die meisten haben eh nur 'ne Schwarz-Weiß-Glotze!
Gegen den Leserinnenbrief auf Seite 60 bin ich total. Das ist doch mal wieder der reinste Männerhaß
Was heißt 'n hier Männerhaß?! Was ist das überhaupt für'n Begriff?! Ich finde, wenigstens wir hier sollten damit kritisch umgehn!
Mein ich auch. Wenn's die Frauen hier nicht mehr sagen können, ja wo denn dann?
Ich enthalte mich der Stimme
Soll ich denn
Ach, Yvette, red' doch einfach wie dir der Schnabel gewachsen ist.
Könnt ihr mir sofort Kliniken nennen, die 'ne künstliche Befruchtung vornehmen!!! Ich hab mich nämlich heut nacht dazu entschlossen!!
Da bin ich aber doch erstaunt, daß noch nicht mal die EMMA-Frauen mal Zeit für ein ausführliches Gespräch haben! Mir ist es ein dringendes Bedürfnis, mal über einiges grundsätzlich mit euch zu reden!!
Du, sei mir nicht bös, aber ich kann jetzt nicht mehr. Wir sind eben auch manchmal müde oder haben Probleme...
SAMSTAG 2. Dezemb.
Franziska BECKER

Du Könntest ruhig auch mal dein Chaos besei= tigen, bevor du nach Köln fährst!..
Wieso! Du kannst doch meine Sachen mit aufräumen! Ich hab' eh' noch mindestens drei Jahre gut, wo ich dir die Hosen umgenäht und die Fenster ge= putzt hab'!!
F.B.

Eine Seite für Emma
...warten dringend auf deine Seite!! Du bist so unzuverlässig in letzter Zeit!!! Also, das ist unmöglich!!! Was glaubst du, was das Kostet!!!...
ja ja. Bin fast fertig. Ich schick's heute noch los..
Emma
... also, ich hab überhaupt Keine Zeit!! Ich ruf später an...
Sag mal ganz schnell 'nen guten Titel!!
Bahnhof
Hauptpost
Super Eil Express